국어도 풀고, 사회도 풀고, 과학도 풀고

생각의 별이 되는 아이들

빌 게이츠, 스티븐 스필버그, 아인슈타인…….

그들의 공통점은 혁신적 사고를 통해 인류의 별이 된 사람들입니다.

지금의 아이들은 막대한 정보를 소유하고 능숙하게 다루며, 자신만의 별을 쫓기 위해 달려가지만 한 발자국도 앞서지 못합니다. 근본적인 사고의 틀을 깨는 연습, 새로운 발상 전환의 연습을 하지 않았기 때문입니다. 사고의 틀을 깨기 위해서 아이들은 끊임없이 고민해야 합니다.

아이들은 발상 전환의 연습 과정에서 여러 갈래로 다양하게 생각하고 시행착오를 겪습니다. 그 과정에서 아이들의 생각의 방향이 항상 옳은 길로 향하거나, 모든 상황에서 명쾌한 해답을 찾지는 못할 것입니다. 그러나 이 과정에서 자연스럽게 예측하고, 판단하고, 상황을 파악하는 능력은 향상되었을 것입니다.

국어 논술 1호를 발간하며 중요한 취지는 바로 〈발상 전환의 연습〉과 더불어 〈즐거운 논술〉이었습니다. 아이들의 열린 생각으로 접근하는 즐거운 논술을 만들기 위해 지난 4호까지 달려왔습니다. 그리고 이제 완간을 눈앞에 둔 5호를 발간하게 되었습니다. 이번 5호는 자라나는 아이들 생각의 크기를 더욱 늘려가는 밑거름이 될 것입니다.

생각의 별이 되는 아이들을 위해, 남은 6호까지 더욱 열심히 달려가겠습니다.

지속적인 관심과 애정을 부탁드립니다.

지은이 **서울대 국어교육학 박사 박학천**

바깔로레아 국어논술

교과서와 논술의 통쾌한 만남

· 국어 사회 과학 + 독서 논술 토론 통합 프로그램입니다.
· 쉽고 부담 없는 자료를 편하게 따라만 가면 저절로 사고력, 독해력, 이해력이 자라는 검증된 프로그램입니다.

단원별 학습 목표 및 구성

week 01 발상사고혁명

실질적인 〈발상·사고〉 훈련
- 고정 관념을 깨고, 개성적인 사고를 기릅니다.
- 스스로 질문하고 비판하는 시각과 자세를 기릅니다.

week 02 교과서 논술 01

〈국어 능력〉 심화 학습
- 국어 교과서 선행 학습으로 단원의 핵심을 이해합니다.
- 수행평가, 논술형 문항으로 국어과 학습 능력을 키웁니다.

※ 교과서 활용 : 『말하기·듣기』 / 『읽기』

week 03 독서 클리닉

실질적인 〈읽기 능력〉 향상 훈련
- 억지로 읽기보다는 읽는 맛과 재미를 알려 줍니다.
- 비판적 읽기, 개성적 읽기로 글을 보는 안목을 키웁니다.

week 04 교과서 논술 02

〈국어 능력〉 심화 학습
- 국어 교과서 선행 학습으로 단원의 핵심을 이해합니다.
- 수행평가, 논술형 문항으로 국어과 학습 능력을 키웁니다.

※ 교과서 활용 : 『말하기·듣기』 / 『읽기』

······ 병아리도 날 수 있다!

week 05
영재 클리닉 01

사회 교과서를 활용한 영재 심화 학습
- 통합 교과 시대를 대비, 사회과 학습 테마를 논술로 연결시켜 쉽고 재미있게 초중고 학습 과정의 주요 주제와 쟁점을 알려 줍니다.

※ 교과서 활용 : 『바른 생활』 / 『사회』

week 06
교과서 논술 03

〈국어 능력〉 심화 학습
- 국어 교과서 선행 학습으로 단원의 핵심을 이해합니다.
- 수행평가, 논술형 문항으로 국어과 학습 능력을 키웁니다.

※ 교과서 활용 : 『말하기·듣기』 / 『읽기』

week 07
영재 클리닉 02

과학 교과서를 활용한 영재 심화 학습
- 통합 교과 시대를 대비, 과학과 학습 테마를 논술로 연결시켜 쉽고 재미있게 초중고 학습 과정의 주요 주제와 쟁점을 알려 줍니다.

※ 교과서 활용 : 『슬기로운 생활』 / 『과학』

week 08
논술 클리닉

『쓰기』 교과서를 활용한 논술 훈련!
- 쓰기 교과서로 쓰기 학습 능력을 키운 후, 생활문에서 본격 논술까지 자신 있게 자신의 견해를 글로 표현하도록 유도합니다.

※ 교과서 활용 : 『쓰기』

~나는 말잘잼이야~

차례

발상사고혁명	뜻을 알고 말해요	05
교과서 논술 01	아름다운 꿈을 가꾸어요 01	15
독서 클리닉	눈을 크게 뜨고 동물을 봐요!	25
교과서 논술 02	아름다운 꿈을 가꾸어요 02	35
영재 클리닉 01	모두 함께 쓰는 곳이잖아!	45
교과서 논술 03	마음을 전해요	53
영재 클리닉 02	우리가 쓰는 물건을 소중하게 생각해요!	63
논술 클리닉	내 생각은 이래요	71

책 속의 책 | **GUIDE & 가능한 답변들**

뜻을 알고 말해요

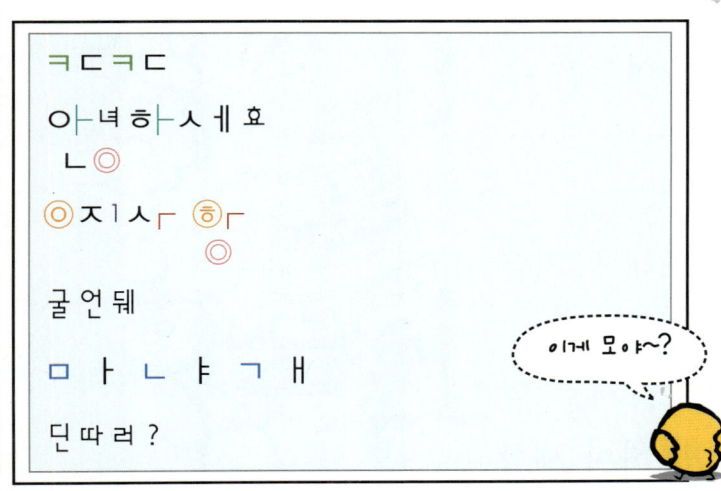

위의 말이 무슨 뜻인지 써 보세요.

비판적 사고를 하자

01 바벨탑 이야기
02 말을 씹는다구요?
03 말이 이상해요

발상사고 혁명 plus

바르게 고쳐 써요!

비판적 사고를 하자
뜻을 알고 말해요

01 바벨탑 이야기

아주 먼 옛날, 사람들이 모두 똑같은 말을 사용하고 있었어요. 사람들이 말했어요.

"우리 탑을 만들자. 하늘까지 닿는 높은 탑을 세우는 거야. 그래서 우리 이름을 세상에 알리고 서로 헤어지지 말고 모여 살자."

"그래! 하늘까지 닿는 높은 탑을 세우면 우리도 하나님처럼 훌륭하게 될 수 있을 거야."

사람들은 탑을 쌓기 시작했어요. 높이 아주 높이. 탑은 마치 하늘을 찌를 듯 거대한 성처럼 보였어요.

사람들의 생각은 더욱 교만해져 갔어요. 하나님은 사람들의 그런 생각을 아시고 땅으로 내려오셨지요. 사람들이 탑을 쌓는 이유를 알게 된 하나님은 무척 화가 나셨어요.

"모두 한 백성이고 말이 한 가지니 이런 짓을 하는구나. 안되겠다. 사람들의 말을 서로 알아듣지 못하게 해야겠다."

하나님은 사람들이 쓰는 언어를 혼란스럽게 하여 서로 알아들을 수 없게 만드셨어요.

"돌 가져와!"

"뭐 점심 먹으라고? 도대체 지금 무슨 말을 하는 거야?"

사람들이 웅성거렸어요. 서로 알 수 없는 말로 소리치기만 하니 세상은 뒤죽박죽 되어 버렸지요. 사람들은 더 이상 탑을 쌓는 일을 계속 할 수 없었어요. 어쩔 수 없이 사람들은 같은 말을 쓰는 사람들끼리 모여 흩어져 살게 되었어요. 그 때부터 세계의 사람들은 다른 말을 쓰기 시작했대요. 사람들은 그 탑 이름을 '바벨'이라고 불렀어요.

1 사람들은 왜 탑을 쌓기 시작했나요?

2 서로의 말을 못 알아듣게 된 사람들에게 어떤 일이 일어났을까요?

3 만약에 세상 모든 사람들이 똑같은 언어를 사용한다면 어떨까요?

02 말을 씹는다구요?

1 창민이가 왜 민수에게 화를 내는 것일까요?

⎯⎯

2 창민이가 민수에게 한 말 중에서 "내 말 씹었어?"라는 말은 무슨 뜻일까요?

⎯⎯

3 민수와 창민이의 말을 고운 말로 바꿔 주세요.

창민 : ⎯⎯⎯⎯⎯⎯⎯⎯⎯⎯⎯⎯⎯⎯⎯⎯⎯⎯⎯⎯⎯⎯⎯⎯⎯⎯⎯⎯⎯⎯⎯⎯⎯⎯⎯⎯⎯⎯

민수 : ⎯⎯⎯⎯⎯⎯⎯⎯⎯⎯⎯⎯⎯⎯⎯⎯⎯⎯⎯⎯⎯⎯⎯⎯⎯⎯⎯⎯⎯⎯⎯⎯⎯⎯⎯⎯⎯⎯

4 지연이가 말한 "너 칼이다."라는 말은 무슨 뜻인가요?

_____

5 지연이가 쓰는 말은 좋은 말인가요? 나쁜 말인가요? 지연이가 이런 말을 계속 쓰게 된다면 어떻게 될까요?

_____

_____

6 지연이와 같은 말을 쓰는 친구가 주변에 있는지 찾아보고, 나는 그런 말을 쓴 경험이 있는지 이야기해 보세요.

_____

_____

03 말이 이상해요

1 아이가 하는 말을 왜 아저씨가 이해를 못할까요?

2 통신 언어를 사용하면 어떤 좋은 점이 있나요?

샘~ 안녕하셈.

잘 지내셨어염? 저 민지에염.

벌써 저 잊으신거 아니시져? 샘이 다른 초딩학교로 가셔서 얼마나 맘이 아픈지 멀라염. 1학년 때 샘과 함께 공부도 하고, 운동도 했던 모습이 자꾸 생각나여. 정말 잼있었는데……. 샘은 벌써 다 잊으신 건 아니시져?

샘이 1학년 종업식 때 하셨던 말씀이 자꾸 생각이 나염.

2학년이 되면 해야 할 일도 많고, 공부도 더 열심히 해야 한다는 샘 말씀이 자꾸 생각이 나여. 샘 말씀대로 열심히 하고 있으니까 넘 걱정하지 마세여. ㅋㄷㅋㄷ

그럼 샘 즐~ 하시고, 안녕히 계세염.

3 이 글은 누가 누구에게 쓴 글인가요?

4 이 글은 민지의 어떤 마음이 담겨 있나요?

5 민지가 쓴 글을 읽은 선생님은 어떤 생각을 하셨을까요?

6 여러분이 알고 있는 통신 언어에는 어떤 것들이 있는지 써 보고, 통신 언어를 써 본 경험이 있는지 이야기 해 보세요.

___

___

7 이 글에서 잘못된 부분을 모두 찾아보고, 편지를 올바르게 고쳐 다시 써 보세요.

발상사고혁명 Plus | 바르게 고쳐 써요!

1 통신 언어를 계속해서 사용하게 된다면 어떤 문제가 생길까요?

_____

_____

_____

2 민지의 편지를 받으신 선생님은 민지에게 어떤 답장을 보내 주실까요? 이번에는 선생님이 되어 민지에게 편지를 써 보세요.

함께 생각해 봐요

여러분은 '외계어'에 대해 알고 있나요?
한글, 일본어, 한자, 러시아어도 있고, 특수문자와 숫자에다, 2줄에 걸쳐 하나의 낱말을 만들기도 하는데 이러한 글들을 '외계어'라 해요. 그러한 외계어를 설명해 주는 '외계어 번역기'라는 프로그램까지 만들어졌답니다.
'언어'란 무엇이라고 생각하나요?
언어는 서로의 생각을 주고받기 위한 것이에요. 그러나 외계어 사용으로 서로의 말과 글을 잘 알아듣지 못한다면, 언어로서의 가치가 있을까요? 그런데 왜 사용하는 것일까요?
물론 남들과 다른 특별한 언어를 사용함으로써 자신만의 개성을 표현할 수 있고, 또 그런 언어를 사용하는 사람들끼리 더욱 친밀감을 느끼게 된다고 외계어 사용을 찬성하는 사람들도 있어요.
그러나 여러분에게 지금은 앞으로 살아가는 데 필요한 기초 지식을 배워야 하는 아주 중요한 시기예요. 국어의 바른 맞춤법도 제대로 익히기 전에 일부 오염된 인터넷 언어를 먼저 알고 쓰게 된다면 어떻게 될까요? 그렇게 되면 '국어' 과목을 없애고, '외계어'를 학교에서 배우자는 의견들이 등장하지 않을까요?

하기·듣기·읽기 – 넷째 마당 (1) 간직하고 싶은 이야기 (2) 우리 서로 한 마음

아름다운 꿈을 가꾸어요 01

내꿈은 말이야

내 눈으로 보는 교과서
01 민호가 이상해요
02 이 시의 제목은?
03 책을 읽고 느낌을 말해요

 | **01 민호가 이상해요**

말하기 듣기 64~69쪽 | 학습 목표 : 자연스럽게 이야기가 이어지는 방법을 안다.

1 성민이와 친구들은 무엇에 관해 이야기를 나누고 있나요?

2 민호와 친구들의 이야기가 자연스럽게 이어지지 않는 이유는 무엇인가요?

3 자연스럽게 이야기가 이어지게 하려면 어떻게 해야 할까요?

우리 학교 가을 운동회

　오늘은 우리 학교에서 가을 운동회가 열린 날이야. 1, 2학년 어린이들은 '각시도령 짝짜꿍'을 3, 4학년은 신나는 에어로빅, 5, 6학년은 '바람돌이 킹카' 등 다양한 공연도 하고, 기마전도 하고 너무 재미있었어. 나는 우리 반 달리기 대표로 나가게 되었는데 우리 반 아이들이 "현서 이겨라."라고 응원도 해 주고, 운동회 구경 온 엄마도 응원을 해 주셨지. 너무 기분이 좋았어. 그래서 그런가? 내가 1등을 한 거야. 너는 운동회에 관해 기억나는 것 없니?

1 현서는 무엇에 관해 이야기하고 있나요?

2 여러분도 현서와 같은 경험을 한 적이 있나요? 경험을 떠올려 보고, 현서의 이야기가 자연스럽게 이어지도록 말해 보세요.

 | **02 이 시의 제목은?**

읽기 86~89쪽 | 학습 목표 : 시에 제목을 붙일 수 있다.

아버지께서는
내 몸무게가
부쩍 늘었으면 하시고,

나는
아버지의 몸무게가
어서 줄었으면 하고.

1 이 시는 무엇을 이야기하고 있나요?

_____

2 이 시와 어울리는 제목을 붙여 보세요.

_____

3 아버지는 왜 나의 몸무게가 늘었으면 하는 것일까요?

_____

☐

2학년 3반 15번 이은영

우리 집 개구쟁이 내 동생
내가 하지 말란 것만 골라 하지요.
내 공책에 낙서하지 말래도,
다음날 내 공책은 까만색이에요.

우리 집 심술쟁이 내 동생
내가 좋아하는 것만 뺏어가지요.
새로 산 내 연필 가져가지 말래도
다음날 내 동생 필통에 들어 있어요.

개구쟁이 내 동생
아주 가끔은
미울 때도 있지만
내 동생이 캠프에 갔을 때,
넘어지지는 않을까,
내가 보고 싶어서 울고 있진 않을까,
걱정되는 내 동생.

1 이 시를 읽고 제목을 재미있게 붙여 보세요.

2 동생을 바라보는 은영이의 마음은 어떠한가요?

 ## 03 책을 읽고 느낌을 말해요

읽기 90~95쪽 | 학습 목표: 읽은 책의 내용과 느낌을 쓸 수 있다.

승원이의 일기

○월 ○일 ○요일 맑음

도서관에서 '사자와 생쥐'를 읽었다. 참 재미있었다.

생쥐가 잘못하여 낮잠을 자고 있는 사자의 수염을 건드렸다. 잠에서 깨어난 사자가 화를 내었다.

"잘못했어요. 살려만 주시면 꼭 은혜를 갚을게요."

생쥐가 빌자, 사자는 너그럽게 용서하여 주었다.

며칠 뒤, 사자가 그물에 걸렸다. 살려 달라고 소리를 질렀지만, 아무도 사자를 구해 주지 않았다. 바로 그 때, 생쥐가 나타났다. 생쥐는 날카로운 이빨로 그물을 쏠아 사자를 구해 주었다. 조그마한 생쥐가 커다란 사자를 구한 것이다.

잘못을 용서할 줄 아는 사자, 은혜를 갚을 줄 아는 생쥐의 마음씨가 참 아름다웠다.

1 승원이가 읽은 책의 내용은 무엇인가요?

2 책을 읽은 후 승원이는 무엇을 느꼈나요?

※ 다음은 준호가 읽은 책에 대한 내용과 느낌을 글로 쓴 것입니다. 다음 글을 읽고 물음에 답하세요.

읽은 날	○월 ○일 ○요일
책 이름	소가 된 게으름뱅이
내용과 느낌	일하기 싫어하는 소년이 있었다. 어떤 노인이 그 소년에게 소 머리 모양의 탈을 주었다. 그 탈을 쓰자, 소년은 소가 되었다. 소가 되어서 고생을 하다가 무를 먹고 다시 사람이 되었다. 그 뒤로는 열심히 일을 하였다. 나는 게으름을 부릴 때가 많다. 내가 이야기에 나오는 소년이었다면, 나도 소가 되어 고생을 하였을 것이다. 앞으로는 부지런한 사람이 되어야겠다.

3 준호가 읽은 책의 제목은 무엇인가요?

_____

4 준호의 느낌이 나타나 있는 부분을 찾아 써 보세요.

_____

_____

조개와 갈매기

배가 고픈 갈매기 한 마리가 먹이를 찾아 바다 위를 날고 있었어요.

"어디 먹을 것이 없나?"

바다 위를 날던 갈매기는 모래 위에 커다란 조개가 입을 벌리고 햇볕을 쬐고 있는 것을 발견했어요.

"옳거니! 저 조개를 먹으면 되겠구나. 꼼짝 마라! 넌 내 먹이다!"

갈매기는 쏜살같이 조개에게로 날아가 주둥이로 조개의 살을 쪼기 시작했어요.

"아니! 이게 무슨 일이지?"

깜짝 놀란 조개가 얼른 입을 닫아 버렸어요. 갈매기는 조개에게 주둥이가 물려서 뺄 수가 없게 되었어요. 갈매기가 조개에게 말했어요.

"조개야! 빨리 조개를 열어. 내가 너를 놓아 주어야 네가 바다로 갈 수 있잖아. 네가 계속 날 물고 있고, 오늘도 내일도 비가 오지 않으면 너는 죽을걸?"

"너야말로 내 살을 놓아 줘야 내가 널 놓아 주지. 내가 널 놓아 주지 않으면 너도 죽을 걸?"

모래 위에서 갈매기와 조개는 서로 놓아 주지 않고, 엎치락뒤치락 싸움을 했어요. 그런데 그때, 지나가던 어부가 그 모습을 보았어요.

"허! 참 신기한 모습이네. 좋아. 내가 가져가야겠군."

어부는 갈매기와 조개를 잡아 집으로 갔어요.

1 이 이야기 속에 등장하는 동물과 사람을 모두 써 보세요.

2 이 이야기의 내용을 정리해서 간단하게 써 보세요.

_____

_____

_____

3 이 글이 우리에게 주는 교훈은 무엇일까요?

_____

4 이 이야기를 읽고, 내용과 느낌을 써 보세요.

읽은 날	____월 ____일 ____요일
책 이름	
내용과 느낌	

> -직녀에게-
> 직녀야!
> 왜 너의 아버지 말씀을 안 들었니.
> 옷감 짜는 말이 싫증나도 할 일은 해가
> 끝나고 생각하지 않니!
> 그리고
> 친구와 친하게 지내는 것도 좋지만
> 아버지 말씀도 잘 들어야지.
> 내가 아버지 말씀도 잘 듣고,
> 옷감 짜는 일도 게을리 안 했다면
> 견우와 함께 즐겁게 살았을 거야.
> 다음부터는 무슨 일을 하더라도
> 게을리하지 말기 바래.
> 그럼 안녕~
> 10월 27일 토요일
> -옥선이가-

이 글은 무엇을 읽고 쓴 글일까요?
글을 읽고 자신의 생각과 느낌을 다양한 방법으로 표현할 수 있답니다.

『초등학생이 궁금해 하는 동물 이야기』 - 입장 바꿔 읽어요

눈을 크게 뜨고 동물을 봐요!

원숭이의 엉덩이는 왜 빨간색일까요?

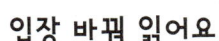

내 엉덩이는 노란색!

입장 바꿔 읽어요

01 하늘을 날고 싶은 타조
02 서서 자는 기린아, 다리 아프지?
03 알고 보면 부드러운 고릴라

입장바꿔 읽어요!
눈을 크게 뜨고 동물을 봐요!

01 하늘을 날고 싶은 타조

　새끼타조와 새끼독수리가 서로 자기가 반장을 하겠다고 싸우고 있었어요.
　먼저 타조가 목을 길게 빼고 말했어요.
　"나는 세상에서 가장 큰 새야. 우리 타조 알은 달걀의 스물네 배나 되지. 그러니까 내가 반장을 해야 해."
　그러자 독수리가 날카로운 부리를 쩝쩝 다시며 말했어요.
　"덩치만 크면 다야? 넌 날지도 못하잖아. 난 이 큰 날개로 하늘을 훨훨 날 수 있단 말이야. 내가 하늘을 날면 새들은 물론 토끼나 쥐 같은 동물들도 모두 무서워서 도망간다고. 그러니까 당연히 내가 반장을 해야 해."
　타조는 기가 죽어 긴 목을 축 늘어뜨리고 집에 돌아왔어요.
　"엄마! 우리 타조는 왜 달지 못해요? 새라면 훨훨 날아다녀야 하잖아요. 애들이 날지 못한다고 막 놀린단 말이에요."
　새끼타조는 하늘을 나는 새들이 부러웠어요.

　"아가야, 우리는 몸집도 크고 몸무게도 많이 나가서 날기가 힘들단다. 날개를 잘 쓰지 않다 보니 몸집에 비해 날개도 작고."
　"그럼 자꾸 날개를 쓰면 다

시 날개가 커져서 날 수 있을까요?"

"글쎄, 네가 열심히 날개를 움직인다 해도, 지금 당장 날개가 커지지는 않아. 하지만 네 아들, 그 아들, 또 아들의 아들들이 계속 나는 연습을 한다면 날게 될지도 모르지. 그런데 땅 위에 먹을 것이 많은데 꼭 하늘을 날 필요가 있을까? 대신 우리는 빨리 달릴 수 있잖니. 우리처럼 빨리 달리는 새는 없단다. 날개는 작지만 우리의 다리는 아주 길고 튼튼하거든. 새라고 해서 꼭 날아야 하는 건 아니야. 우리말고 날지 못하는 새들이 또 있단다."

"정말요? 어떤 새들인데요?"

"(　　　　　　　㉠　　　　　　　)"

새끼타조는 내일 독수리를 만나면 엄마에게 들은 이야기를 해 주어야겠다고 생각했어요. 그리고, 엄마 몰래 나는 연습도 열심히 해야겠다고 결심했답니다.

1 새끼타조와 새끼독수리가 자기가 반장이 되어야 하는 이유를 무엇이라고 했나요?

새끼타조 : ＿＿＿＿＿＿＿＿＿＿＿＿＿＿＿＿＿

새끼독수리 : ＿＿＿＿＿＿＿＿＿＿＿＿＿＿＿＿＿

2 날지 못하는 새끼타조의 마음을 어떨까요? 그 마음을 헤아려 보고 써 보세요.

＿＿＿＿＿＿＿＿＿＿＿＿＿＿＿＿＿＿＿＿＿＿＿＿＿

3 엄마 타조가 새끼타조에게 말한 내용이 <u>아닌</u> 것은?

① 우리의 다리는 길고 튼튼하단다.
② 우리 타조는 절대로 하늘을 날 수 없단다.
③ 우리말고 날지 못하는 다른 새들도 있단다.
④ 몸집에 비해 날개가 작아서 날 수가 없단다.
⑤ 우리는 날지 못하는 대신 빨리 달릴 수 있단다.

4 ㉠에 들어갈 날지 못하는 새에는 어떤 것들이 있는지 써 보세요.

_____

5 새끼타조가 새끼독수리에게 뭐라고 말했을까요? 새끼타조가 되어 새끼독수리에게 이야기해 보세요.

_____

6 새끼 타조처럼 여러분도 신체 중에서 마음에 들지 않는 부분이 있나요? 있다면 왜 마음에 들지 않는지 이유와 함께 써 보세요.

나는 _____ 이 마음에 들지 않아요.

왜냐하면 _____

02 서서 자는 기린아, 다리 아프지?

나무야 나무야 서서 자는 나무야
나무야 나무야 다리 아프지
나무야 나무야 누워서 자거라

훌쩍 훌쩍.
 동요를 듣고 우는 나는 누구냐고? 나는 바로 키다리 기린 아저씨란다. 나도 나무처럼 하루 종일 서 있기만 하거든. 잘 때도 서서 자고 쉴 때도 서서 쉰단다. 평생을 누워 보지 못하니, 다리가 얼마나 아프겠니?
 그런데 왜 서서 자냐고? 너희도 알다시피 나는 목도 길고 다리고 길잖니? 그래서 한 번 누웠다 일어나려면 한참 걸린단다. 그러다가 사자나 치타 같은 동물이 나타나 봐. 그러면 꼼짝없이 잡히는 거지. 나에게는 나를 보호할 수 있는 긴 뿔이나 날카로운 이빨 같은 게 없어. 나를 해치려는 동물이 나타나면 얼른 발견해서 도망치는 게 가장 좋은 방법이지. 서서 자기 때문에 오랫동안 푹 자지도 못해. 하루에 잠자는 시간이 겨우 5분밖에 안 된단다. 그러니까 내가 늘 졸린 듯이 눈을 가늘게 뜨고 있는 거야.
 내가 너무 가엾다고? 그럼 나한테 아카시아 잎 좀 줄래? 아카시아 잎은 내가 가장 좋아하는 먹이거든. 난 나뭇잎이나 풀, 꽃 같은 걸 잘 먹어. 가끔씩은 땅에 있는 소금이나 물을 먹기도 하지. 다리가 이렇게 긴데 어떻게 구부려 먹냐고? 앞다리를 양 옆으로 쫘악 벌리고는 고개를 숙여서 물이나 소금을 긴 혀로 핥아 먹는단다.

우리는 사나운 동물들로부터 새끼를 보호하려고 우리끼리 뭉쳐 지낸단다. 우리끼리 동그랗게 모여 있으면 사나운 동물들도 덤비지 못하거든. 그런데 얼룩말과 같이 지내는 걸 본 적이 있다고? 맞아. 기린 무리와 얼룩말 무리가 섞여 있는 것을 본 적이 있을 거야. 우리 기린은 키가 크고 시력이 좋아서 멀리 있는 것도 잘 볼 수 있지. 사자나 표범 같은 무서운 적들이 오는지 금방 알 수 있거든. 사실은 그것 때문에 얼룩말들이 우리랑 친한 척하는 거라고.

1 이 글을 읽기 전에 이미 알고 있던 기린에 대한 정보를 써 보세요.

2 기린이 서서 자는 이유는 무엇인가요?

3 기린의 다리가 길어서 좋은 점과 나쁜 점은 무엇일지 생각해서 써 보세요.

기린의 다리가 길어서 좋은 점	기린의 다리가 길어서 나쁜 점

4 내가 만약 기린처럼 다리가 길다면 어떨까요? 다리가 긴 나의 모습을 상상해 보고, 하고 싶은 일을 써 보세요.

내가 만약 기린처럼 다리가 길다면

_____

_____

_____

_____

03 알고 보면 부드러운 고릴라

 : 저는 고릴라 한 마리가 울고 있다는 소식이 있어 그 현장에 나와 있습니다. 고릴라씨! 왜 이렇게 울고 있는 거죠?

 : 흑흑흑! 사람들도 그렇고 동물들도 내가 무섭다고 놀아 주지를 않아요.

 : 네. 그렇다면 왜 사람들이 고릴라씨를 무서워하는 거죠?

 : 모르겠어요. 제가 새까맣고, 몸집도 크고, 얼굴도 우락부락하게 생겨서 그런가 봐요. 알고 보면 저도 부드러운 동물인데 말이에요. 흑흑흑.

 : 부드러운 동물이라구요? 동물원이나 영화에서 보면 고릴라씨는 사람들을 헤치는 무서운 동물로 나오잖아요.

 : 흑흑흑. 우리 고릴라는 원래 예민한 동물이에요. 숲 속에서 풀만 먹으며 조용히 사는 것을 좋아하는데 좁은 동물원에 갇혀 지내는 데다가 사람들이 구경하려고 모여드니 화가 날 수밖에요. 스트레스를 많이 받으면 밥도 잘 안 먹고 새끼를 낳는 일도 거의 없어진다구요. 나를 헤치려는 동물이나 사람이 아니면 절대 헤치지 않아요. 그리고 우리가 무섭게 나오는 영화도 사람들이 만들어낸 거잖아요.

 : 네, 그렇군요. 고릴라의 겉모습과는 달리 부드러운 동물이라는 사실을 알게 되었습니다. 온순한 고릴라의 모습을 무섭게 만든 것은 다름 아닌 사람이었습니다. 고릴라에게 미안해지는 현장에서 SBC 뉴스 장재영이었습니다.

1 고릴라가 우는 이유는 무엇인가요?

_____

2 왜 사람들이 고릴라를 무섭게 생각하는 것일까요?

_____

3 평소의 고릴라에 대한 여러분의 생각과 이 글을 읽은 후의 생각이 어떻게 바뀌었는지 써 보세요.

- 평소에 고릴라를 보면 _____

_____

- 이 글을 읽고 난 뒤에 고릴라는 _____

_____

4 울고 있는 고릴라에게 따뜻한 위로의 한 마디를 해 주세요.

_____

_____

동물들은 자기의 땅을 어떻게 표시할까요?

　푸른 초원의 사자나 호랑이 같은 힘이 센 동물들은 자기 땅을 가지고 있습니다. 이것을 '텃세권'이라고 하는데 다른 동물들 뿐만 아니라 같은 종족끼리도 침범하지 못하게 한답니다.

　사자 무리의 지도자는 자기 땅을 돌아다니며 자신의 냄새를 묻혀 놓습니다. 이곳에서는 자신의 냄새가 나니까 다른 사자가 먹이를 사냥하면 안 된다는 뜻이지요.

　호랑이는 오줌이나 똥 냄새를 묻히거나 나무를 긁어 놓아 자기 땅을 표시한답니다.

　만약에 이런 표시를 어기고 그 땅에 침입하게 되면 엄청난 싸움이 벌어지게 되는 거지요.

말하기·듣기·읽기 - 넷째 마당 (1) 간직하고 싶은 이야기 (2) 우리 서로 한 마음

아름다운 꿈을 가꾸어요
02

닭이 되는 거야!

내 눈으로 보는 교과서

01 발바닥은 왜 오목할까요?
02 동시를 읽고 느낌을 말해요
03 글을 읽고 느낌을 말해요

뛰어넘자 교과서

기억에 남는 이야기

01 발바닥은 왜 오목할까요?

말하기 듣기 72~73쪽 | 학습 목표 : 이야깃거리에 알맞은 내용으로 이야기해 본다.

1 노인이 잠을 못 이룬 까닭은 무엇인가요?

_____

2 노인은 왜 발바닥이 오목하다고 하였나요?

_____

3 신발에 낮은 굽을 단 노인에게 어떤 일이 일어났을까요?

_____

_____

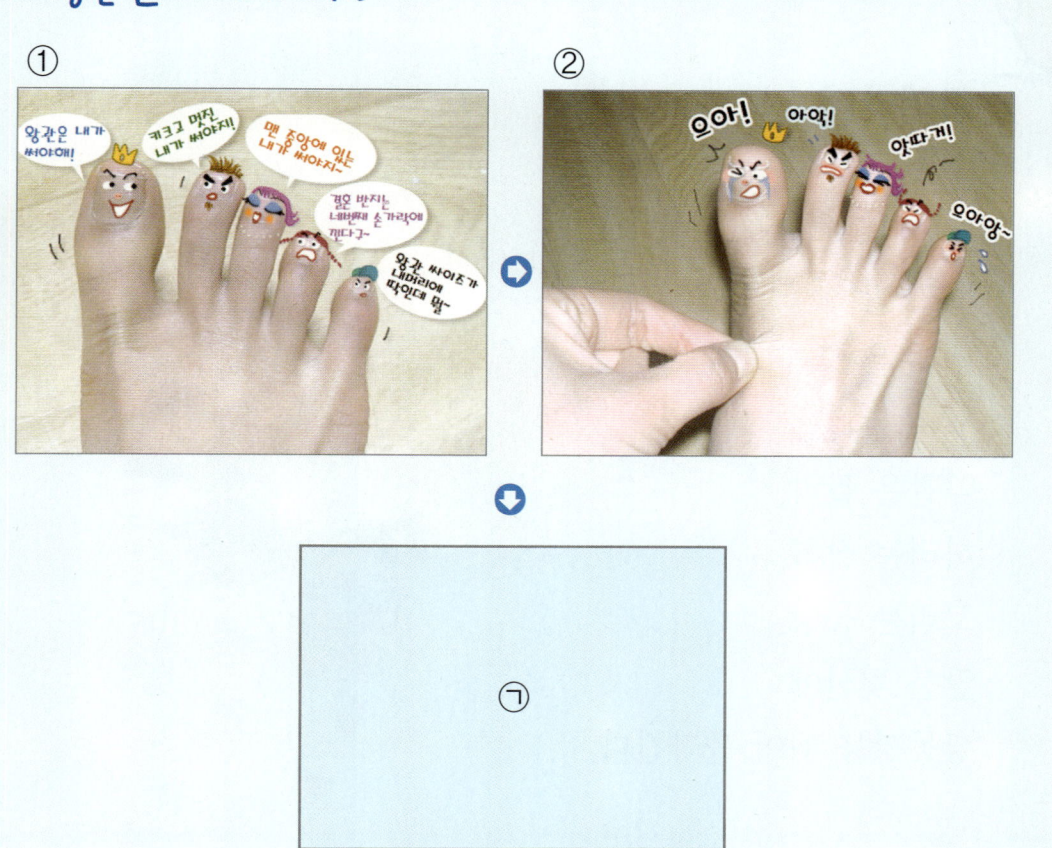

1 다섯 발가락은 무엇에 대해 이야기하고 있나요?

---

2 ②의 사진의 내용을 설명하고, ㉠에 들어갈 내용을 상상해 써 보세요.

02 동시를 읽고 느낌을 말해요

읽기 96~97쪽 | 학습 목표 : 이야기를 읽고, 생각이나 느낌을 말할 수 있다.

토끼타령

그린다고 그린 게
토끼 한 쌍 그렸네.
두 눈은 도래도래,
두 귀는 쫑긋,
앞발은 짤막,
허리는 잘록,
꼬리는 몽땅.
앞산 뒷산에
깡동깡동 뛰어 올라간다.

1 이 시에서 토끼의 생김새와 움직임을 표현한 부분을 찾아 써 보세요.

토끼의 생김새를 표현한 말	토끼의 움직임을 표현한 말

2 이 시를 읽고, 어떤 느낌이 들었는지 이야기해 보세요.

비는 이럴 때 오는 거야

햇볕이 내리쬐는
운동장에 서서
운동회 연습을 하면
이럴 때 비라도 오면
하는 말이 저절로 나온다.

비는 방학 때만
매일매일
오다시피하면서
꼭 이럴 때는 안 온다.

나는 당장 하늘에 올라가
비 내리는 사람에게
비는 이럴 때 오는 거야 하고
가르쳐 주고 싶다.

1 이 시를 읽고 떠오르는 느낌이나 생각을 이야기해 보세요.

2 나는 언제 비가 왔으면 좋겠다고 생각했는지 써 보세요.

03 글을 읽고 느낌을 말해요

읽기 102~105쪽 | 학습 목표 : 이야기를 읽고, 생각이나 느낌을 말할 수 있다.

여우와 포도밭

배고픈 여우 한 마리가 포도밭 옆을 지나가게 되었습니다. 여우는 포도가 먹고 싶었습니다. 그래서 포도밭 울타리 여기저기를 살피며 들어갈 만한 구멍을 찾아보았습니다. 구멍이 한 군데 있었지만, 너무 좁아서 들어갈 수 없었습니다.

'좋은 방법이 없을까?'

여우는 살을 빼서 홀쭉하게 한 다음에 들어가기로 하였습니다. 그래서 여우는 사흘 동안 아무것도 먹지 않았습니다.

살이 빠져 홀쭉해진 여우는 마침내 포도밭에 들어갈 수 있었습니다. 여우는 정신 없이 포도를 따 먹었습니다.

"아, 배부르다. 실컷 먹었으니 인제 슬슬 밖으로 나갈 볼까?"

여우는 들어왔던 구멍으로 머리를 내밀었습니다. 그런데 배가 너무 불러서 도저히 빠져 나갈 수가 없었습니다. 여우는 생각한 끝에 다시 사흘을 굶기로 하였습니다.

"인제 됐군."

사흘을 굶은 여우는 다시 홀쭉해져서 울타리를 빠져 나올 수 있었습니다. 여우는 탄식하며 말하였습니다.

"배고프기는 들어갈 때나 나올 때나 마찬가지군."

1 포도를 먹기 위해 여우가 생각해 낸 방법은 무엇인가요?

2 여우가 한 행동을 차례대로 써 보세요.

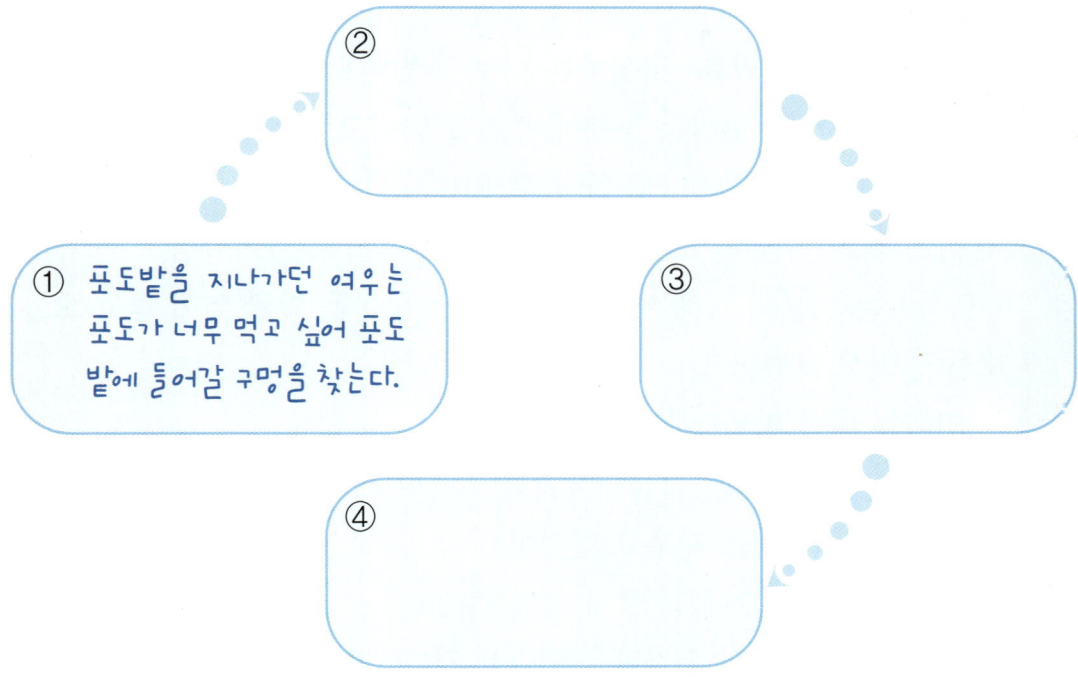

① 포도밭을 지나가던 여우는 포도가 너무 먹고 싶어 포도밭에 들어갈 구멍을 찾는다.

3 '여우와 포도'에 나오는 여우의 행동을 보고 어떤 생각이 들었나요?

_____

_____

4 내가 만약 여우라면 포도를 먹기 위해 어떤 행동을 했을지 생각해 보고 써 보세요.

내가 만약 여우라면 _____

_____

_____

엄마는 나만 미워해

창문이 열렸나 봐요. 토실이는 너무 추웠어요. 그래서 쪼르륵 엄마에게 달려갔어요. 엄마는 동생에게 젖을 먹이고 있었어요.

"엄마, 너무 추워요. 나도 안아 주세요."

"아기 젖 먹이잖니. 토실아. 추우면 이불 속으로 들어가렴."

토실이는 기분이 나빠졌어요. 토실이는 창문을 활짝 열어 놓고 오들오들 떨면서 말했어요.

"엄마는 나만 미워해!"

혼자 놀던 토실이는 심심해졌어요. 토실이는 책을 들고 엄마에게 갔어요. 엄마는 동생을 재우고 있었어요.

"엄마, 책 읽어 주세요. 빨리 읽어 주세요."

엄마는 '쉿' 하면서 손가락을 입술에 갖다 대며 말했어요.

"조용히 하렴. 아기가 잠들었잖니. 조금 있다가 읽어 줄게."

토실이는 엄마가 자기만 미워하는 것 같아서 기분이 나빴어요. 그래서 집을 나가기로 했어요.

"내가 없어지면 엄마는 좋아할 거야."

토실이는 가방에 추울 때 입을 웃옷과 심심할 때 읽으려고 책도 넣었어요. 그런데 주위를 살펴보았지만 갈 곳이 없었어요.

"엄마는 내가 없어져도 모를 거야."

토실이는 안방 장롱 안으로 들어가 문을 꼭 닫았어요. 장롱 안에서 토실이는 스르르 잠이 들었답니다. 그러다가 엄마 목소리에 깜짝 놀라

> 잠이 깼어요. 엄마가 울고 있는 것 같았어요.
> "어떡하지. 엄마가 나 때문에 화가 나서 우시나 봐……."
> 토실이는 혼이 날까 봐 덩달아 울었어요.
> "우리 토실이 목소리잖아."
> 엄마는 벌컥 장롱 문을 열었어요. 토실이는 엄마에게 혼이 날까 봐 겁이 났어요. 그런데 엄마는 토실이를 보자 와락 껴안고 어린아이처럼 엉엉 울었어요.
> '어쩌면 엄마는 나를 무지무지 사랑하나 봐.'

1 토실이는 엄마가 왜 자기를 미워한다고 생각했나요?

_____
_____

2 토실이 엄마가 우는 이유는 무엇일까요?

_____
_____

3 여러분도 토실이와 같은 생각을 해 본 적이 있나요? 어떤 때 그런 생각이 들었는지 이야기해 보세요.

기억에 남는 이야기

1 가장 기억에 남는 책이나 이야기를 생각해 보고, 써 보세요.

책 이름, 제목	
등장인물	
기억나는 내용	
나의 느낌	
이 이야기를 들려주고 싶은 친구	

바른생활 - 4단원 질서는 편해요

모두 함께 쓰는 곳이잖아!

영재 클리닉

두 그림을 보고, 차이점을 이야기해 보세요.

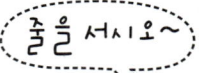
줄을 서시오~

내 눈으로 보는 교과서

공공 장소에서는……

Step by Step
01 질서를 지켜야 해요
02 질서를 지키면 좋아요

영재 클리닉 plus
새 물건으로 변신!

내 눈으로 보는 교과서
공공 장소에서는……

바른 생활 46~59쪽 | 학습 목표 : 여러 사람이 이용하는 곳에서 질서를 지켜야 하는 이유를 알아본다.

1 다음 그림을 보고 물음에 답하세요.

① 그림 속의 장소는 어디인가요?

② 그림 속의 장소는 무엇을 하는 곳인가요?

③ 그림 속의 아이가 무엇을 하고 있나요?

④ 그림 속의 아이가 계속 저렇게 행동한다면 어떻게 될까요?

2 여러 사람이 사용하는 공공장소는 어떤 곳들이 있을까요?

3 여러 사람이 모이는 곳에서 질서를 지켜야 하는 이유를 두 가지만 써 보세요.

첫째, _____

둘째, _____

4 다음 그림을 보고, 물음에 답하세요.

①

• 그림 속의 장소는 어디인가요?

• 그림 속의 장소에서 지켜야 할 질서는 무엇이 있는지 써 보세요.

_____

②

• 그림 속의 장소는 어디인가요?

• 그림 속의 장소에서 지켜야 할 질서는 무엇이 있는지 써 보세요.

모두가 함께 쓰는 곳이잖아!

01 질서를 지켜야 해요

1 그림 속의 아이들의 행동에 대해 여러분은 어떻게 생각하나요?

2 아이들은 어떤 꾸지람을 들었을까요? ㉠의 빈 말주머니에 들어갈 말을 써 보세요.

수민이는 오늘 아빠와 함께 야구장에 갔어요.

사람들의 응원 소리가 경기장 안에 울려 퍼졌고, 신나는 경기였어요.

얼마쯤 흘렀을까요? 3:1로 우리 팀이 지고 있었어요. 수민이와 아빠는 더욱더 열심히 응원을 했어요. 그런데 갑자기 어디서 이상한 소리가 들려왔어요. 어떤 아저씨가 우리 팀이 지는 것을 보고, 마구 욕을 하기 시작한 것이었어요. 그리고 조금 있더니 마시고 있던 음료수 캔을 경기장으로 던지기까지 했어요. 사람들이 여기저기서 수근거리기 시작했어요. 그런 아저씨의 행동을 보니 수민이는 기분이 나빠졌어요.

아저씨가 응원하던 팀이 지고 있어서 기분이 나쁜 아저씨의 마음을 모르는 것은 아니지만 아직 경기가 다 끝나지도 않았는데 누가 이기게 될지 아직 모르잖아요. 그리고 누가 이기면 어때요? 선수들이 정정당당하게 경기를 하고, 열심히 경기하는 선수들을 응원해 주면 되는 거 아닌가요?

3 수민이가 아빠와 함께 간 곳은 어디인가요?

_____

4 수민이가 기분이 나빠진 이유는 무엇인가요?

_____

_____

5 공공 장소에서 다른 사람들이 질서를 지키지 않았던 경우를 생각해 보고, 다음 물음에 답하세요.

① 여러분이 간 공공 장소는 어디인가요? _____

② 그 장소는 무엇을 하는 곳인가요?

_____

③ 어떤 일이 있었나요?

_____

_____

_____

④ 그것을 보았을 때 나는 어떤 기분이 들었나요?

_____

_____

⑤ 그 곳에서 지켜야 할 질서에는 어떤 것들이 있는지 써 보세요.

_____

_____

_____

02 질서를 지키면 좋아요

1 ① ~ ③의 그림을 설명해 보세요.

① _____

② _____

③ _____

2 질서를 지키면 좋은 점이 무엇인지 생각해 보고, 질서를 지키지 않는 사람들에게 충고의 한 마디를 해 주세요.

_____

_____

_____

영재 plus | 나는 질서를 잘 지킬까요?

1 다음 보기 중에서 나에게 해당하는 것에 ○표 하세요.

① 공원에서 휴지를 버리거나 침을 뱉지 않습니다. ····( )
② 공원에서 나무와 꽃을 함부로 꺾지 않습니다. ·····( )
③ 놀이 기구를 이용할 때 차례를 지켜 탑니다. ·····( )
④ 놀이 기구를 탈 때 안전 수칙을 지키며 탑니다. ····( )
⑤ 전시회장에서 장난치거나 돌아다니지 않습니다. ····( )
⑥ 전시회장의 작품을 함부로 만지지 않습니다. ·····( )
⑦ 영화관에서 큰 소리로 말하지 않습니다. ······( )
⑧ 영화 시작 시간에 늦지 않습니다. ·········( )
⑨ 동물원에서 동물에게 먹이를 함부로 주지 않습니다. ··( )
⑩ 가게에서 물건을 함부로 만지지 않습니다. ······( )
⑪ 도서관에서 책을 깨끗하게 봅니다. ········( )
⑫ 도서관에서 책을 조용히 읽습니다. ········( )

선생님 저는요~

· 9개~12개 : 공공장소에서 질서를 잘 지키는 어린이예요. 우리 모두 박수!
· 5~8개 : 조금만 노력하면 질서를 잘 지키는 어린이가 될 수 있겠네요.
· 0개~4개 : 저런! 개구쟁이 어린이네요. 질서를 지키는 어린이가 되도록 노력해 봐요.

말하기 · 듣기 · 읽기 – 다섯째 마당 (1) 주고받는 마음

마음을 전해요

내 눈으로 보는 교과서

01 친구가 왜 없을까?
02 마음을 읽어요
03 고마운 마음을 표현해요

뛰어넘자 교과서

선생님께 감사의 마음을 전해요

01 친구가 왜 없을까?

말하기·듣기 84~87쪽 | 학습 목표 : 학습목표 : 내 마음을 전하는 글을 써 본다.

1 명수는 어떤 요술방망이가 가지고 싶었나요?

2 명수가 친구들과 사이좋게 지내지 못한 이유는 무엇인가요?

3 친구들과 사이좋게 지내려면 어떻게 해야 하는지 명수에게 이야기해 주세요.

___

___

1 2학년이 되어 새롭게 알게 된 친구의 이름을 써 보세요.

___

2 친구를 기분 상하게 한 적은 없었는지 생각해 보고, 미안한 마음을 전하는 말을 친구에게 해 보세요.

___

___

___

___

02 마음을 읽어요

읽기 116~117쪽 | 학습 목표 : 시에 담긴 마음을 생각하며 읽을 수 있다.

고마우신 선생님

예쁜 글씨 수놓은
일기장에는
선생님 목소리가
들어 있고요,

똘똘하게 셈 잘 하는
머릿속에는
선생님 땀방울이
들어 있어요.

하지만 선생님의
땀방울에는
우리들의 심술이
들어 있고요,

선생님의 쉰 목소리에는
우리들의 장난이
들어 있어요.

그래도 웃음 짓는 선생님,
고마우신 우리 선생님.

1 이 시에 담겨 있는 마음은 무엇인가요?

2 선생님이 고마웠던 때를 떠올려 보고, 기억나는 일을 써 보세요.

난 알지요

엄마는 나 몰래 나가셨지만
어디 계시는지 난 다 알지요.
달그락달그락 그릇 소리가
부엌에 계신다고 알려 주거든요.

날 놀래 주려고 몰래 하시지만
무엇 만드시는지 난 다 알지요.
내가 좋아하는 부침 냄새가
소올솔 찾아와서 알려 주거든요.

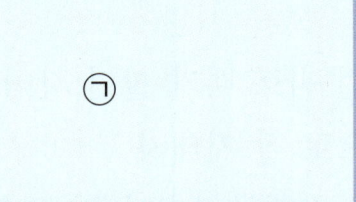

1 이 시에는 어머니에 대한 어떤 마음이 담겨 있나요?

2 엄마의 사랑에 대한 고마운 마음이 잘 나타나도록 ㉠에 들어갈 부분을 동시를 채워서 완성해 보세요.

03 고마운 마음을 표현해요

읽기 118~123쪽 | 학습 목표 : 인물에 어울리는 목소리로 이야기를 실감나게 읽을 수 있다.

 **메기야, 고마워**

"어유, 혼났네! 무슨 비가 그렇게 많이 온담?"
잉어가 환하게 웃으며 말하였습니다.
"잉어야, 안녕? 너도 무사했구나."
붕어가 입을 벙긋거리며 인사하였습니다.
"응, 정말 다행이야. 그런데 저 친구는 누구지?"
잉어가 가리키는 곳을 보니 낯선 물고기가 헤엄쳐 오고 있었습니다. 그 물고기는 험상궂게 생긴데다가 입은 옆으로 길게 찢어져 있었습니다. 그리고 입 양쪽에는 긴 수염도 나 있었습니다.
험상궂은 모습을 본 물고기들은 ㉠슬금슬금 피하기 시작하였습니다.
"안녕? 나는 메기란다. 이번 비로 내가 살던 강이 넘쳐 이 연못에 들어오게 되었지. 앞으로 잘 지내자."
메기는 쉰 목소리로 자기를 소개하였습니다. 모습만 보고 겁을 먹었던 잉어와 붕어는 메기의 말을 듣고 안심하게 되었습니다.
"그랬구나. 날씨도 좋은데 우리 함께 헤엄치면서 놀지 않을래?"
붕어가 다가가서 정답게 말하였습니다.
"그래, 좋지!"
메기는 커다란 입을 넙죽거리며 붕어 곁으로 다가갔습니다. 메기는 잉어하고 붕어와 금방 친해졌습니다.

그러던 어느 날이었습니다. 연못에 갑자기 큰일이 일어났습니다. 물장군들이 나타나 붕어와 잉어의 몸에 달라붙어서 떨어지지 않았습니다.

"아야, 아야!"

"아이, 따가워!"

붕어와 잉어는 소리쳤습니다.

ⓛ"누가 좀 도와 주세요!"

그러나 아무리 소리쳐도 소용이 없었습니다. 물장군들을 보자, 다른 물고기들도 도망치기에 바빴기 때문이었습니다.

그 때, 메기가 나타났습니다. 메기는 물고기들 곁으로 다가갔습니다. 그리고 물살을 일으켜 물장군들을 모두 쫓아 버렸습니다.

ⓒ

물고기들은 진심으로 고맙다는 인사를 하였습니다.

"고맙긴 뭘……."

메기는 빙그레 웃으며 말하였습니다. 메기가 웃는 모습이 더 정답게 느껴졌습니다.

1 이 이야기는 어디에서 일어난 일인가요?

2 물고기들이 메기를 보고, ㉠과 같은 행동을 한 이유는 무엇인가요?

3 메기가 작은 연못에 들어오게 된 이유는 무엇인가요?

_____

4 ⓒ을 실감나게 읽으려면 어떻게 읽어야 할까요?

_____

5 메기는 물장군을 어떻게 쫓아냈나요?

_____

6 붕어와 잉어는 물장군으로부터 자신들을 구해 준 메기에게 뭐라고 이야기했을까요? ⓒ에 들어갈 말을 생각해서 써 보세요.

_____

※ 다음 상황에 맞는 말을 써 보고, 알맞은 목소리로 읽어 보세요.

심부름을 잘 했다고 엄마가 칭찬을 해 주셨어요.

올림픽 대회에서 우리 나라 선수들이 이기라고 응원을 해요.

뛰어넘자 교과서 | 선생님께 감사의 마음을 전해요

1 2학년 담임 선생님께 감사의 편지를 쓰려고 해요. 어떤 말을 써야 할지 다음 물음에 답하세요.

2 선생님께 감사의 마음을 전하는 편지를 써 보세요.

슬기로운 생활 - 2단원 가게놀이

영재클리닉 02

우리가 쓰는 물건을 소중하게 생각해요!

그림 속의 사람에게 필요한 것은 무엇일까요?
모두 써 보세요.

내 눈으로 보는 교과서

여기로 사러 가요!

Step by Step

01 무엇이 필요할까요?
02 좋은 물건을 고르려면……
03 계획이 필요해요

여기로 사러 가요!

슬기로운 생활 22~25쪽 | 학습 목표 : 우리 생활에 필요한 물건을 어디에서 사야 할지 알아 본다.

1 다음 물건들을 살 수 있는 가게를 찾아 물건 이름을 써 넣으세요.

문구점	슈퍼마켓	장난감 가게

Step by Step
우리가 쓰는 물건을 소중하게 생각해요!

01 무엇이 필요할까요?

1 우리의 생활 속에서 무엇이 필요한지 찾아 써 보세요.

①

- 맛있는 밥을 먹을 때 필요한 것은?

  _____

  _____

②

- 운동을 할 때 필요한 것은?

  _____

  _____

③

- 공부할 때 필요한 것은?

  _____

  _____

2 우리의 생활에 필요한 물건이 우리에게 오기까지 어떤 과정을 거치는지 순서에 맞게 줄을 그어 보세요.

※ 들어가기 전에 – 이 책은 다양한 개성적인 반응과 답변을 유도하는 데 목적이 있으므로, 단 하나의 유일한 정답이 없는 문항들도 많습니다. 그러므로 〈정답의 방향〉을 가늠하는 참고 자료로 활용해 주시기 바랍니다.

week 01
발상사고혁명
뜻을 알고 말해요
05 쪽

비판적 사고를 하자
01 바벨탑 이야기

1 · 자신들의 이름을 세상에 알리고 서로 헤어지지 말고 모여 살기 위해.
· 하나님처럼 훌륭하게 될 수 있을 거라고 생각했기 때문에

2 갑자기 친구의 말을 알아듣지 못하게 돼서 답답했을 것 같아요. 등

3 G·U·I·D·E 우리가 쓰고 말하는 '말'의 소중함에 대해 생각해 봅니다.

미국 사람이든, 중국 사람이든 모두가 하는 말을 알아들을 수 있으니까 외국어를 안 배워서 좋을 것 같아요.

02 말을 씹는다구요?

1 G·U·I·D·E 하나의 단어가 다양한 의미로 쓰이는 경우를 찾아봅니다.

민수가 자기의 말에 대답을 안 해서

2 무시한다. / 안 듣는다. 등

3 G·U·I·D·E 잘못된 언어 습관을 반성해 봅니다.

창민 : 민수야, 너 내가 한 말에 대한 너의 생각은 어때?
민수 : 창민아 미안해! 네가 말하는 것을 잘 못 들었어. 다시 한번 말해 줄래?

4 약속한 시간에 정확하게 왔네. 등

5 · 같은 말을 서로 다른 뜻으로 알고 있기 때문에 이야기가 잘 안 될 것 같아요.
· 서로 말이 통하지 않아서 사람들의 기분이 항상 나쁠 것 같아요. 등

6 G·U·I·D·E 은어를 사용한다거나 주변에서 잘못 쓰이고 있는 말을 찾아 보고, 그 의미에 대해 이야기해 봅니다.

03 말이 이상해요

G·U·I·D·E 주변에서 통신 용어를 사용하는 예를 찾아 보고, 통신 용어 사용의 문제점을 생각해 봅니다.

1 · 아저씨가 잘 알아듣지 못하는 말을 했으니까요.
· 통신 언어를 사용하여 말했으니까요.

2 · 우리들끼리만 통하는 것이 있어서 좋아요.
· 말을 길게 안 해서 좋아요. 등

3 민지가 1학년때 담임 선생님께 쓴 편지글이에요.

4 1학년 때 선생님과 함께 했던 시간을 떠올리며 그리워하고 있어요.

5 선생님을 좋아하는 마음이 담겨 있지만 올바른 단어를 쓰지 않는 민지가 걱정도 되실 것 같아요.

6 G·U·I·D·E 생활 속에서 잘못된 통신 언어의 예를 찾아 봅니다.

7 G·U·I·D·E 잘못된 말을 올바르게 고쳐 써 봅니다.

발상사고 혁명 PLUS
바르게 고쳐 써요!

1 · 한글이 파괴되서 정확한 말을 할 수 없어요.
· 사람들이 서로 다른 말을 해서 대화가 되지 않을 것 같아요.

2 G·U·I·D·E 학생의 잘못된 언어 습관을 고쳐 주고 싶은 선생님의 마음을 헤아려 답장을 써 봅니다.

---

week 02
교과서 논술 01
아름다운 꿈을 가꾸어요 01
15 쪽

내 눈으로 보는 교과서
01 민호가 이상해요

1 전화로 친구와 이야기하다가 엄마께 걱정을 들었던 경험에 대해 이야기하고 있어요.

2 민호가 친구들과 다른 이야기를 하고 있기 때문이에요

3 · 이야깃거리에 알맞은 내용으로 말해야 합니다.
· 친구들이 무엇에 관해 이야기하고 있는지 잘 듣고 말해야 합니다.

열린교과서

1 가을 운동회에서 있었던 경험을 이야기하고 있어요.

2 G·U·I·D·E 지은이와 비슷한 경험은 없는지 떠올려 보고, 이야기가 자연스럽게 이어지도록 말해 봅니다.

1등 했어? 정말 신났겠다. 우리 학교는 봄에 운동회를 하거든. 지난 봄에 운동회를 했었는데 2학년은 리본체조를 했어. 각 반별로 빨간색, 노란색, 파란색 등 다른 색의 리본으로 공연했는데 정말

멋있었어. 거의 한 달 동안 연습했거든.

02 이 시의 제목은?

1 목욕탕에서 아버지와 아들이 서로의 몸무게를 보고, 바라는 마음을 이야기하고 있어요.

2 목욕탕 저울

3 건강하게 자라기를 바라기 때문에

열린교과서

1 개구쟁이 내 동생

2 자기가 하지 말라는 것만 골라서 하는 동생이지만 사랑하는 마음이 나타나 있어요.

03 책을 읽고 느낌을 말해요

G·U·I·D·E 주어진 글을 읽고, 중심내용이 무엇인지 알아봅니다.

1 낮잠을 자던 사자의 수염을 건드려 깨운 생쥐. 그 생쥐를 헤치지 않고 너그럽게 용서해준 사자는 자신이 위험에 처하게 되자 생쥐가 도와주어 목숨을 건지게 된다.

2 잘못을 용서할 줄 아는 사자, 은혜를 갚을 줄 아는 생쥐의 마음씨가 참 아름답다고 생각했다.

3 소가 된 게으름뱅이

4 나는 게으름을 부릴 때가 많다. 내가 이 이야기에 나오는 소년이었다면, 나도 소가 되어 고생을 하였을 것이다. 앞으로는 부지런한 사람이 되어야겠다.

열린교과서

1 갈매기, 조개, 사람

2 배가 고파 먹이를 찾던 갈매기는 바닷가에서 햇볕을 쬐고 있는 조개를 발견하게 되요. 조개를 먹으려 조개의 살을 쪼는 순간 조개가 벌린 입을 닫아요. 갈매기와 조개는 서로를 놓으라고 이야기하지만 양보를 하지 않고 싸워요. 이 모습을 지나가던 사람이 보고, 신기해서 둘다 잡아갔다는 이야기예요.

3 서로 양보하자. / 욕심을 부리면 손해를 본다.

4

읽은 날	9 월 23 일 목요일
책 이름	조개와 갈매기
내용과 느낌	배가 고파 먹이를 찾던 갈매기가 바닷가에서 햇볕을 쬐고 있는 조개를 발견하고 그 조개를 먹으려 조개의 살을 쪼는 순간 조개가 벌린 입을 닫아요. 갈매기는 조개에게 입을 벌리라고 하고, 조개는 갈매기에게 자신을 쪼고 있는 살을 놓으라고 하며 싸워요. 이 모습을 지나가던 어부가 보고, 신기해서 둘 다 잡아갔다는 이야기예요. 조개와 갈매기를 잡아간 어부는 둘 다 잡아가서 좋았겠지만 조개와 갈매기가 조금만 양보했더라면 잡혀가지 않고 목숨을 구할 수 있었을 텐데……. 나도 양보하는 생활을 해야겠다는 생각을 했어요.

입장 바꿔 읽어요
01 하늘을 날고 싶은 타조

1 · 새끼타조 : 새 중에서 몸집이 가장 크고, 알도 크기 때문에
· 새끼독수리 : 큰 날개로 하늘을 훨훨 날 수 있고 다른 동물들이 무서워 하기 때문에

2 속상하고, 슬펐을 것 같아요.

3 ②

4 펭귄, 닭, 거위, 공작, 키위새, 메추리, 집오리 등

5 새끼 독수리야! 내가 날 수 없다고 반장을 할 수 없다고 했지? 그럼 너 빨리 달릴 수 있어? 우리 타조는 아주 길고 튼튼한 다리를 가지고 있어서 빨리 달릴 수 있어. 새 중에서 우리 만큼 빨리 달릴 수 있는 새는 없을걸? 새라고 꼭 날아하는 건 아니야. 왜냐 하면 날지 못하는 새가 타조말고 또 있거든.

6 G·U·I·D·E 부모님께서 물려주신 몸을 소중하게 생각해 봅니다.

나는 눈이 마음에 들지 않아요. 왜냐 하면 내 친구 예슬이는 쌍꺼풀이 있어서 눈이 크거든요. 그런데 제 눈은 친구들이 일자눈이라고 놀리기 때문이에요.

02 서서 자는 기린아, 다리 아프지?

1 · 얼룩무늬를 가졌어요.
· 목이 길어요, 키가 커요.
· 뿔이 났어요. 등

2 목과 다리가 길어서 한 번 누웠다 일어나려면 한참 걸리고, 그때 사자나 치타 같은 동물이 나타나면 꼼짝없이 잡히게 된다. 자신을 방어할 수 있는 긴 뿔이나 날카로운 이빨 같은 게 없어서 해치려는 동물이 나타나면 얼른 발견해서 도망쳐야 하기 때문에 서서 자는 것이다.

3

기린의 다리가 길어서 좋은 점	기린의 다리가 길어서 나쁜 점
· 키가 커서 높은 곳의 나뭇잎을 뜯어 먹을 수 있잖아요. · 먼 곳까지 볼 수 있어서 위험이 닥치기 전에 막을 수 있어요. 등	· 누워서 잘 수 없기 때문에 늘 피곤해요. · 다리를 구부릴 수 없기 때문에 낮은 곳에 있는 먹이를 잘 먹을 수 없어요. 등

4 · 다리가 기니까 전 모델을 할 거예요. 텔레비전에서 패션 모델 언니 오빠들을 봤는데 다리도 길고 가늘더라구요. 너무 멋져 보였어요. 등

03 알고 보면 부드러운 고릴라

G·U·I·D·E 고릴라의 외모에 대해 느꼈

던 점을 이야기해 봅니다.

1 사람들과 동물들이 고릴라가 무섭다고 놀아 주지 않기 때문에

2 고릴라의 모습이 무섭게 생겼고, 영화에서도 고릴라가 무섭게 나오기 때문에

3 · 평소에 고릴라를 보면 외모 때문에 사납고 무서운 동물이라고 생각했어요.
  · 이 글을 읽고 난 뒤에 고릴라는 온순하고 착한 것 같아요. 괜히 사람들이 고릴라를 무섭게 만든 것 같아요.

4 고릴라야! 미안해!
우리가 너의 외모만 보고 네가 무섭고 사납다고 생각했었어. 그렇지만 이젠 너의 말을 듣고 너에 대해 알게 되었으니까 사이좋게 지내자. 알겠지? 울지 마.

아주 먼 옛날에는 사람들이 굽이 없는 신발을 신고 다녔어요. 그런 시절에 한 노인이 있었어요. 그 노인은 자신이 신고 다니는 신발에 곤충들이 밟혀 죽을까 봐 걱정되어 잠을 못 이루었어요.
노인은 매일 이렇게 기도했지요.
"죄도 없이 생명을 잃는 곤충들이 불쌍합니다. 여린 생명들이 아무 죄 없이 죽지 않게 해 주세요. 그리고 무심코 여린 생명을 밟는 눈 없는 발바닥을 용서해 주세요."
그러던 어느 날 노인은 발바닥 한가운데가 오목한 이유를 깨닫게 되었어요.
"그래, 바로 이거야. 하느님은 사람들의 발바닥을 오목하게 만들어서, 발바닥이 땅에 닿는 부분을 줄였던 거야. 그렇게 해서 죄 없는 생명들이 밟혀 죽는 것을 줄이는 거지."
그 노인은 그 날로 신발에 낮고 조그만 굽을 달았답니다. 신발에 굽이 생기자 신발이 땅에 닿는 부분이 줄어들었지요. 그 뒤로 신발에 깔려 죽는 생명들이 많이 줄어들었답니다.

1 신발에 곤충들이 밟혀 죽을까 봐 걱정되어

2 발바닥이 땅에 닿는 부분을 줄여 죄 없는 생명들이 밟혀 죽는 것을 줄이기 위해 하나님이 발바닥을 오목하게 만든 것이라고 했어요.

3 신발 굽 때문에 신발이 땅에 닿는 부분이 더 줄어들어 신발에 깔려 죽는 생명들이 많이 줄어들었어요.

week 04
교과서 논술 02
아름다운 꿈을 가꾸어요 02
35 쪽

내 눈으로 보는 교과서
01 발바닥은 왜 오목할까요?

G·U·I·D·E '발바닥은 왜 오목할까요?'를 읽고 문제를 풀어 봅니다.

열린교과서

1 서로 자기가 왕관을 써야 한다고 이야기하고 있어요.

2 발등을 꼬집자 다섯 발가락은 모두 아픔을 느꼈어요. 모두 한 몸에 붙어 있기 때문에 아픈 것은 당연한 것이겠지요. 그 뒤 다섯 발가락은 서로에게 왕관을 쓰라고 양보했을 것 같아요.

02 동시를 읽고 느낌을 말해요

G·U·I·D·E 시를 상상하며 읽어 보고, 자신의 느낌을 이야기해 봅니다.

1

토끼의 생김새를 표현한 말	토끼의 움직임을 표현한 말
· 두 눈은 도래도래 · 두 귀는 쫑긋 · 앞발은 짤막 · 허리는 잘록 · 꼬리는 몽탕	· 깡동깡동

2 토끼가 살아서 뛰어가는 것 같아요. 등

열린교과서

1 G·U·I·D·E 시를 읽고 지은이의 마음을 헤아려 봅니다.

햇빛이 쨍쨍 내리쬐는 한 낮일 것 같아요, 숨이 찬 느낌이 들어요. 등

2 무더운 여름날, 체육 시간이 있는 날 등

03 글을 읽고 느낌을 말해요

1 사흘을 굶어서 몸을 홀쭉하게 만들어 포도밭에 들어가기로 했어요.

2 ② 구멍을 발견한 여우는 구멍이 너무 좁아서 못 들어가게 되자 사흘을 굶는다.
③ 포도밭에 들어간 여우는 포도를 실컷 먹는다
④ 포도를 실컷 먹은 여우는 포도밭에서 나오려고 하지만 다시 몸집이 커져 구멍을 못나오게 되자 다시 굶는다.

3 어리석어요. 포도를 많이 먹었어도 포도를 안 먹었을 때와 똑같이 다시 배고파졌잖아요.

4 내가 만약 여우라면 긴 막내를 이용해서 포도를 따는 거예요. 긴 막대로 포도를 따면 포도밭에 들어가지 않더라도 포도를 먹을 수 있잖아요. 등

열린교과서

G·U·I·D·E 상상하여 이야기를 읽어 보고, 이야기 속 주인공과 비슷한 자신의 경험을 이야기해 봅니다.

1 동생 젖 먹이느라고 안아 주지 않고, 동생 재우느라고 책도 안 읽어 주셨기 때문에

2 토실이가 보이지 않아서 걱정을 하셨기 때문이에요.

3 G·U·I·D·E 자신의 경험을 떠올려 봅니다.

뛰어 넘자 교과서
기억에 남는 이야기

G·U·I·D·E 자신이 알고 있는 책이나 이야기를 정리해 보고, 자신의 생각과 느낌을 써 봅니다.

week 05
영재 클리닉 01
모두 함께 쓰는 곳이잖아!
45쪽

내 눈으로 보는 교과서
공공 장소에서는…….

G·U·I·D·E 여러 사람이 이용하는 곳에서 질서를 지켜야 하는 이유를 알아봅니다.

1 ① 공원
② 여러 사람들이 시원한 바람도 쐬고 산책을 하는 곳이에요.
③ 벤치에 올라가 장난을 치고 있어요.
④ 의자가 더러워져요. / 다른 사람이 앉을 수 없어요. / 의자가 망가져요. 등

2 공원, 도서관, 음식점, 공중 화장실, 박물관 등

3 첫째, 여러 사람이 함께 사용하는 곳이니까요.
둘째, 질서를 안 지키면 다른 사람이 다치거나 불편할 수 있으니까요.

4 ① · 극장
  · 휴대폰을 꺼놔야 해요. / 큰소리로 이야기하지 않아야 해요. / 영화가 시작하기 전에 자리에 앉아야 해요. 등
② · 박물관
  · 안내원의 말을 잘 따라야 해요. / 물건을 함부로 만지면 안 돼요. / 조용히 봐야 해요. 등

Step By Step
01 질서를 지켜야 해요

G·U·I·D·E ①~④번까지의 그림을 보고, 설명해 봅니다. 또한 그림 속의 아이들처럼 행동했던 경험이나 그런 모습을 본 적은 없는지 이야기해 봅니다.

1 많은 사람들이 사용하는 장소에서 시끄럽게 하고, 다른 사람에게 피해를 주는 일이므로 나빠요.

2 도서관은 많은 사람들이 책을 보러 오는 곳이야. 너희들처럼 떠들면 책을 볼 수 있겠니? 또 그렇게 책을 찢는다면 다음에 그 책을 보는 사람들이 얼마나 불쾌하겠니?

3 야구장

4 어떤 아저씨가 선수들에게 마구 욕을 하고, 마시고 있던 음료수 캔을 경기장으로 던졌기 때문이에요.

5 ① 지하철
② 대중 교통 수단이에요.
③ 아이들이 신발을 신고 의자 위로 올라가 뛰며 노래를 불렀어요. 그래서 사람들이 시끄러워 조용히 하라고 했지만 아이들은 듣지 않고 계속 의자 위로 올라가 장난을 쳤어요.
④ 시끄러웠어요. / 기분이 나빴어요. / 의자가 더러워져서 앉을 수 없어서 힘들었어요. 등
⑤ · 의자에 조용히 앉아 목적지까지 가요.
  · 휴대폰은 진동으로 해 놓고, 통화는

간단히 목소리는 작게 통화해요. 등
· 할아버지나 할머니가 오시면 자리를 양보해요.

02 질서를 지키면 좋아요

G·U·I·D·E 다양한 공공 장소에서 지켜야 할 질서에 대해 다시 한번 생각해 보고, 질서를 지키면 좋은 점에 대해 학생들끼리 이야기봅니다.

1 ① 차례로 줄을 서서 횡단 보도를 건너고 있어요.
② 버스 안에서 친구와 조용히 이야기하고 있어요.
③ 음악회에서 조용히 음악을 감상하고 있어요.

2 야구장에서 욕한 아저씨에게
아저씨 정말 너무하세요. 우리 팀이 경기에 지고 있어서 저도 속상했지만 더운 날씨에 열심히 최선을 다해 경기를 하는 선수들에게 그렇게 욕을 하시고 캔을 던지시면 어떻게 해요. 그러다가 다른 사람이 다칠 수도 있잖아요. 야구장은 여러 사람이 경기를 보러 오는 곳인데 말이에요. 아빠랑 야구장에 와서 경기를 보면서 너무 신났었는데 아저씨 때문에 기분이 나빠졌잖아요. 다음에 그러시면 안 돼요. 아셨죠?

영재 plus
나는 질서를 잘 지킬까요?

G·U·I·D·E 자기도 모르게 질서를 지키지 않았던 적은 없는지 자신의 행동을 되돌아보고 반성해 봅니다.

week 06
교과서 논술 03
마음을 전해요
53 쪽

내 눈으로 보는 교과서
01 친구가 왜 없을까?

1 친구를 잘 사귈 수 있는 요술방망이

2 · 친구의 말을 잘 듣지 않고 자기 할 말만 하기 때문에
· 친구의 이야기를 귀 기울여 듣지 않고 장난만 치기 때문에

3 · 친구의 이야기가 다 끝나고 말을 합니다.
· 친구의 이야기를 귀 기울여 듣습니다.

열린교과서

G·U·I·D·E 학교나 학원에서 새롭게 만나게 된 친구들은 누가 있는지 써 보고, 실수로 친구를 기분 나쁘게 만들었다거나 친구 때문에 기분이 나빴던 적은 없었는지 이야기해 봅니다.

02 마음을 읽어요

1 선생님에 대한 감사의 마음이 담겨 있어요.

2 교실에서 장난을 치다가 책상이 넘어졌어요. 이 모습을 본 선생님께서 보게 되셨는데 저와 친구는 선생님께 혼날 줄 알고, 고개를 숙이고 있었어요. 그런데 선생님께서는 혼내지 않으시고, 저희들이 다치지는 않았는지 살펴보신 뒤 조심하라고 말씀해 주셨어요. 등

열린교과서

1 엄마에 대한 감사의 마음이 담겨 있어요.

2 G·U·I·D·E 엄마에게 고마움을 느꼈던 경험을 떠올려 보고, 시를 완성해 봅니다.

03 고마운 마음을 표현해요

1 연못

2 험상궂게 생긴데다가 입은 옆으로 길게 찢어져 있고, 입 양쪽에는 긴 수염도 나 있었기 때문에

3 이번 비로 메기가 살던 강이 넘쳤기 때문에

4 놀란 목소리로 크게 읽어요.

5 물살을 일으켜 물장군들을 모두 쫓아 버렸습니다.

6 메기야 고마워. / 처음엔 너의 모습 때문에 무서워 했었는데 미안해. 등

열린교과서

G·U·I·D·E 주어진 상황에 맞는 말을 써 보고, 알맞은 목소리로 이야기해 봅니다.

뛰어넘자 교과서
선생님께 감사의 마음을 전해요

G·U·I·D·E 현재 담임 선생님을 관찰해 보고 써 봅니다.

내 눈으로 보는 교과서
여기로 사러 가요!

1 ・문구점 : 가방, 필통, 크레파스, 지우개 등
・슈퍼마켓 : 과자, 주스 치약, 파, 달걀, 커피, 생선, 비누 등
・장난감 가게 : 인형 등

Step By Step
01 무엇이 필요할까요?

1 ① 숟가락, 젓가락, 밥그릇, 반찬 그릇, 컵, 쌀, 김치 등
② 운동화, 공, 축구대, 운동복 등
③ 책상, 연필, 스텐드, 의자, 지우개 등

2 G·U·I·D·E 우리가 편리하게 사용하는 물건이 우리에게 오기까지 어떤 과정을 거쳤는지 알아보는 문제입니다. 그림을 잘 보고 순서를 맞춰 봅니다.

3 ① 내가 가장 좋아하는 물건은 지우개예요. 이것을 좋아하는 이유는 연필로 쓰다가 글씨를 틀리게 되면 지우개로 깨끗하게 지워서 다시 쓸 수 있잖아요. 그래서 전 지우개를 여러 가지 모양과 색깔로 가지고 있어요. 등
② 고무나무에서 고무를 채취해요. → 지우개로 쓸 수 있는 고무를 따로 빼요. → 지우개를 만들어 포장을 해요. → 상인에게 팔아요. → 문방구에서 지우개를 사서 써요.

4 농부 아저씨, 운전 기사 아저씨, 빵 만드는 사람, 물건을 파는 사람, 어부 등

5 어부아저씨 안녕하세요. 전 ○○이에요. 저는 생선을 너무 좋아해서 아저씨께 감사하다는 말씀을 하고 싶어요. 밤늦게나 새벽에 고기를 잡으러 가시느라 힘드시죠? 잠도 잘 못주무시고. 아저씨가 힘들게 일을 해 주셔서 너무 감사합니다. 아저씨를 생각하면서 엄마가 해주신 생선 요리를 남기지 않고 다 먹을게요. 물론 가시는 빼고요. 건강 조심하시고 안녕히 계세요.

02 좋은 물건을 고르려면……

1 ① 참치 통조림
② 집 앞 슈퍼마켓
③ 엄마가 김치찌개에 넣을 참치가 필요하다고 하셔서
④ 1600원
⑤ 언제 만들어지고 유통 기한이 언제인지 알아본다, 포장은 뜯어지지 않고 잘 되어 있는지 살펴본다.

2 G·U·I·D·E 물건을 구입할 때 주의해야 할 점들을 자신의 경험을 통해 스스로 생각해 봅니다.

① 유통 기한을 확인해요. 등
② 야채가 신선한지 확인해요.
③ 바느질이 꼼꼼하게 되어 있는지 확인해 봐요.

03 계획이 필요해요

G·U·I·D·E 물건을 구입하기 전 필요한 물건을 무엇인지 살펴 보고, 계획을 세워 봅니다.

1
병주	성수
필요 없는 장난감을 충동구매해서 공책을 살 돈이 없어 엄마께 혼났어요.	계획을 세워 지출을 하고 용돈을 모아 물건을 구입했어요.

2 전 성수의 행동이 현명하다고 생각해요. 왜냐 하면 병주처럼 사고 싶은 것을 생각도 안하고 사면 정말 필요한 물건을 못사게 되잖아요.

3 G·U·I·D·E 용돈을 쓰는 자신의 습관을 되돌아 보고 잘못된 점은 없는지 생각해 봅니다.

4

날짜	내용	들어온 돈	나간 돈	남은 돈
10월 4일	할아버지가 주신 용돈	5000		5000
10월 5일	동생과 과자 사먹음		1000	
	공책		500	
	아바타 스티커		500	
				3200

2 (나), 꽃을 함부로 만지고 꺾어서는 안 된다는 이유에 대해 이야기하고 있어서

3 그렇게 생각한 까닭

4 저는 학교 계단에서 장난을 치고 있는 친구에게 말하고 싶어요.
계단에서 그렇게 장난을 치면 안 돼. 왜냐 하면 장난을 치다가 떨어지거나 부딪히면 다치게 되잖아. 또 다치게 되면 병원에 가야 하고, 공부하고 친구들과 노는 것도 힘들어지잖아. 장난을 치는 너와 다른 친구가 부딪히기라고 한다면 그 친구도 다치게 되지 않겠지?
그러니까 계단에서는 장난치지 말고 조심히 다녀야해. 알겠지?

내 눈으로 보는 교과서
내 생각을 말해요

G·U·I·D·E 개성있는 나만의 꾸미는 말을 사용하여 글을 완성해 봅니다.

1 우리 반 친구들이 꽃을 함부로 만지거나 꺾어서는 안 된다.

논술 에너지를 쌓아라
01 알맞은 까닭을 들어요

1 교실에서 장난을 치면 안 되는 이유에 대해 이야기하고 있어요.

2 명희가 혼자 물건을 아껴 써야 한다고 이야기하고 있어요.

3 ① · 내가 지각을 하면 다른 친구들이 공부하는 데 방해가 됩니다.
· 지각을 하게 되면 준비물을 제대로 챙길 수 없습니다.
② · 몸이 건강해 집니다.
· 기분이 좋아집니다.

4 저는 지각을 하지 말아야 한다고 생각합니다.
저도 가끔 학교에 지각을 하는 경우가 있습니다. 지각을 하게 되면 급하게 학교에 가야 하기 때문에 준비물을 잊고 못 챙길 수도 있고, 다른 친구들이 열심히 공부하는데 늦게 들어와서 방해가

될 수도 있기 때문입니다.
지각을 하지말고, 시간을 잘 지켜서 수업 준비를 미리 하고 있으면 친구들에게 피해도 주지 않고, 나의 공부에도 도움이 될 것입니다.

02 초등학생 다이어트 문제예요

G·U·I·D·E 사진을 보고, 문제점을 스스로 찾아봅니다. 그리고 알맞을 까닭을 들어 자신의 생각을 써 봅니다.

1 전 ②가 더 건강해 보여요.
왜냐 하면, ①의 아이들은 아직 어린 것 같은데 너무 뚱뚱해요. 몸이 뚱뚱하면 심장이나 다리가 아프고, 체육시간에 달리기하는 것도 힘들거든요. 그런데 ②의 아이들은 날씬하고 운동도 잘 할 것 같아요.

2 열심히 운동을 해야 해요. / 음식을 조금 줄여서 먹어요 등

3

(가)	(나)
친구들에게 뚱뚱하다고 놀림을 당하는 다혜가 살을 빼려고 사흘 동안 굶어 쓰러진 이야기예요.	어린아이부터 할머니까지 다이어트를 한다는 이야기예요.

4 친구들이 놀리니까 살을 빼려고

5 살은 안 빠지고 건강만 더 나빠졌을 거예요.

6 건강한 몸을 만들기 위한 다이어트는 좋은 것 같아요. 그러나 음식도 조금씩 먹고 운동을 해서 살을 빼야지 밥도 굶고, 암에 걸린 사람을 부러워 한다는 것이 말이 되나요? 그러다가 정말 그렇게 되면 어떻게 해요. 다혜도 그렇고 암에 걸린 사람을 부러워 하는 언니. 자신의 몸을 소중하게 생각하는 마음을 가지세요.

신나는 논술
건강한 몸을 만들려면

G·U·I·D·E 앞서 배웠던 내용을 바탕으로 해서 글을 써 봅니다.
다이어트는 왜 해야 하는지, 올바른 다이어트 방법은 무엇인지 자신의 견해가 들어간 글을 쓸 수 있도록 합니다.

　최근 '몸짱' 이라는 말을 많이 듣습니다. '몸짱' 이라는 말은 어떤 말일까요? 이 말은 건강한 몸을 가진 사람을 말합니다. 그러나 요즘 이 말을 잘못 이해하고 무조건 날씬한 몸을 만들기 위해 어린아이부터 할머니까지 다이어트를 많이 하고 있습니다.
　다이어트가 나쁘다는 것은 아닙니다. 그 다이어트로 정말 자신의 몸이 건강해질 수 있는지 생각해 보아야 합니다.
　무조건 굶거나, 한 가지 음식만 먹는 것은 오히려 건강을 해칠 수도 있습니다. 전 얼마전부터 저녁에 아빠와 함께 저녁식사를 하고 아파트 놀이터에서 줄넘기를 합니다. 줄넘기를 하고 나면 잠도 잘 오고, 소화도 금방 되는 것 같아 기분이 좋습니다.
　평소에 먹던 음식을 줄이고 운동도 함께 한다면 건강한 몸짱이 될 수 있을 것입니다.

3 내가 가장 좋아하는 물건을 한 가지 골라 다음 물음에 답해 보세요.

① 내가 가장 좋아하는 물건은 _____ 이에요.

이것을 좋아하는 이유는 _____

_____

② 그 물건이 내 손에 오기까지 어떤 과정을 거쳤을까요?

_____

_____

4 편리한 생활을 할 수 있도록 도와 주시는 분들은 누가 있을까요? 생각나는대로 써 보세요.

_____

_____

5 4번에 쓴 분들 중 한 사람에게 감사의 마음을 전하는 쪽지를 써 보세요.

02 좋은 물건을 고르려면……

1 여러분이 직접 물건을 사 본 경험이 있나요? 자신의 경험을 떠올려 다음 물음에 답하세요.

① 무엇을 샀나요? _____

② 어디에서 샀나요? _____

③ 그 물건을 왜 샀나요? _____

④ 물건의 값은 얼마인가요? _____

⑤ 그 물건을 살 때 주의해야 할 점은 무엇인가요?

_____

2 다음 물건들을 살 때 중요하게 생각해야 할 점은 무엇인지 써 보세요.

① ② ③

03 계획이 필요해요

오늘은 월요일. 병주가 엄마에게 1주일 동안 쓸 용돈 3000원을 받는 날이에요. 학교가 끝나고 집에 가는 길에 공책을 사러 문방구에 들렀다가 새로 나온 탑블레이드를 봤어요. 너무 갖고 싶었던 병주는 용돈을 털어 장난감을 샀어요.

그래서 다음날 아침, 공책을 사야 하는데 살 돈이 없었어요. 엄마께 "500원만…." 했다가 "너 돈 다 어떻게 했니?" 하고 꾸지람을 들었어요.

성수는 한 달 단위로 1만 원씩 용돈을 받아요. 용돈을 받으면 성수는 먼저 한 달 계획을 세워요. 준비물, 군것질로 절반 정도만 쓰고 나머지는 저축을 하지요. 얼마 전에는 이렇게 모은 돈과 설날 받은 세뱃돈을 합해 자전거를 샀어요. 성수는 자전거를 볼 때마다 마음이 뿌듯하고, 기분이 좋아져요. 이번에는 용돈을 모아 아빠, 엄마의 가죽 장갑을 사 드릴 거예요.

1 병주와 성수가 용돈을 어떻게 썼는지 써 보세요.

병주	성수

2 병주와 성수 중 누구의 행동이 현명하다고 생각하나요? 왜 그렇게 생각하는지 이유와 함께 써 보세요.

전 _____ 의 행동이 현명하다고 생각해요.

왜냐하면 _____

_____

3 여러분은 용돈을 받으면 어떻게 하나요? 자신의 경험을 이야기해 보세요.

4 미진이가 용돈 기입장을 쓰려고 해요. 다음 글을 읽고, 용돈 기입장의 빈 칸을 채워 보세요.

> 10월 4일 할아버지가 5000원의 용돈을 주셨다. 다음 날 1000원으로 동생과 과자를 사 먹고, 500원은 공책을 사고, 300원으로 아바타 스티커를 샀다. 남은 돈을 계산해 보니 3200원이었다.

날짜	내용	들어온 돈	나간 돈	남은 돈

쓰기 - 셋째 마당 내 생각은 이래요

내 생각은 이래요

논술클리닉

운동을 열심히 해야 합니다. 무조건 열심히 하면 좋습니다.

왜 그래야 하는 거야?

저 사람 뭐라고 하는 거야?

뭔 소리야~

사람들이 왜 어리둥절한 표정을 짓는 것일까요?

내눈으로 보는 교과서
내 생각을 말해요

논술에너지를 쌓아라
01 알맞은 까닭을 들어요
02 초등학생 다이어트 문제예요

신나는 논술
건강한 몸을 만들려면

내 생각을 말해요

쓰기 44~63쪽 | 학습 목표 : 내 생각이 잘 드러나게 글을 쓰는 방법을 알아본다.

 (가) 저는 우리 반 친구들이 꽃을 함부로 만지거나 꺾어서는 안 된다고 생각합니다. 저는 장미꽃도 좋아하고, 코스모스꽃도 좋아합니다. 저는 동물도 좋아합니다. 우리 집에는 강아지도 있고, 고양이도 있습니다.

 (나) 저는 우리 반 친구들이 꽃을 함부로 만지거나 꺾어서는 안 된다고 생각합니다. 왜냐 하면, 꽃을 함부로 다루면 금방 시들거나 죽기 때문입니다. 앞으로 꽃을 좀 더 아끼는 마음을 가지며 좋겠습니다.

1 위 글은 꽃을 함부로 만지거나 꺾는 친구들에게 쓴 글입니다. (가)와 (나)에서 글쓴이의 생각은 무엇인가요?

_____

2 (가)와 (나)의 글 중에서 자신의 의견을 더 잘 드러낸 글은 어느 것인가요? 왜 그렇게 생각하는지 이유도 함께 써 보세요.

_____

_____

3 자기 생각을 말할 때 반드시 함께 말해야 하는 것은 무엇인가요?

_____

4 그림 속의 친구들중 한 사람을 선택하여, 친구의 행동이 잘못되었다는 의견을 알맞은 까닭을 들어 써 보세요.

저는 _____ 친구에게 말하고 싶어요.

_____

_____

_____

논술에너지를 쌓아라!
내 생각은 이래요

01 알맞은 까닭을 들어요

〈성수〉
교실에서 장난을 치지 말아야 해. 교실에서 장난을 치면 공부하는 친구들이 시끄러워서 공부를 할 수 없어.

맞아! 교실에서 장난을 치면 안 돼. 장난을 치면서 교실을 뛰어다니면 먼지가 나잖아. 교실을 깨끗하게 청소를 하긴 하지만 먼지는 계속 쌓인다구.

〈지선〉

〈재영〉
교실에서 장난을 치다가 넘어져서 다치기라도 하면 어떻게 되겠니? 책상이나 의자에 부딪혔다고 생각해 봐. 얼마나 아플까? 또 자기 때문에 다른 친구들도 다칠 수 있잖아.

그래. 정말 물건을 아껴 써야 해. 지우개나 연필을 잃어버리면 찾지도 않고 무조건 새 것부터 찾아 쓰려고 하면 안되지.

〈명희〉

1 성수와 친구들은 무엇에 관해 이야기하고 있나요?

_____

2 다른 이야기를 하고 있는 친구는 누구인가요?

_____

3 〈보기〉와 같이 의견에 대한 까닭을 써 보세요.

> 〈보기〉
>
> 의견 : 책을 많이 읽읍시다.
> - 아는 것이 많아집니다.
> - 글을 잘 쓸 수 있습니다.

① 의견 : 지각을 하지 맙시다.

- _____
- _____

② 의견 : 운동을 합시다.

- _____
- _____

4 3번 중 한 가지 의견을 골라 자신의 의견을 글로 써 보세요.

_____
_____

02 초등학생 다이어트 문제예요

1 그림 속의 ①과 ②의 아이 중 더 건강해 보이는 사람은 누구인가요? 그렇게 생각한 이유도 함께 써 보세요.

전 _____ 가 더 건강해 보여요.

왜냐하면, _____

_____

2 1번에 쓴 내용을 바탕으로 하여 건강한 몸을 가지려면 어떻게 할지 써 보세요.

(가) "다혜야! 아침 밥 먹고 학교 가야지."

"싫어. 안 먹어."

아침밥 먹고 가라는 엄마의 목소리를 뒤로 하고 집을 뛰어나온 다혜. 다혜는 학천 초등학교 2학년입니다.

"울트라 캡숑 뚱돼지, 이다혜. 지금 학교 가냐?"

등교길에 다혜는 반 친구들을 만났습니다. 친구들의 놀림에 다혜는 학교에 가기가 싫습니다.

점심 급식 시간이 되었습니다. 친구들은 급식을 받으러 나갑니다. 그런데 다혜는 운동장으로 갑니다.

㉠ 벌써 몇 일째 다혜는 밥도 안 먹고, 굶고 있었습니다. 대신 다혜는 운동장 벤치에 앉아 하늘을 쳐다봅니다.

㉡ 그런데 이게 웬일이지요? 오늘 다혜가 본 하늘이 갑자기 노란색으로 변했습니다. 다혜는 그 다음 일은 기억이 나지 않았습니다.

(나) 다이어트 열풍은 초등학생이나 유치원생도 비켜가지 않는다. 요즘 젊은 엄마들은 딸아이를 날씬하게 키운다고 어렸을 때부터 음식에서 지방을 골라내고 발레학원으로, 수영장으로 내몬다. 찜질방에서 땀을 빼는 할머니들의 화제도 몇 kg이 줄었다, 늘었다는 게 대부분이다.

이런 분위기 탓에 종아리 근육을 줄이기 위해 보톡스 주사를 맞고 지방을 빼내고 심지어 위를 잘라낸다. 또 얼마 전에는 남편인 의사에게 지방 흡입술을 받던 아내가 사망한 사례도 있다.

㉢ 피골이 상접하게 마르는 게 최고의 목표인 여자는 암에 걸려서 비쩍 마른 언니가 부럽다는 이야기를 하기도 했다.

3 글 (가)와 (나)의 글은 무엇을 이야기하고 있나요?

(가)	(나)

4 다혜가 ㉠과 같은 행동을 한 이유는 무엇일까요?

_____

5 (가)의 글에서 다혜는 어떻게 되었을까요?

_____

6 ㉡의 다혜와 ㉢과 같은 생각을 한 사람에게 충고의 한 마디를 해 주세요.

_____

_____

78

신나는 논술 | 건강한 몸을 만들려면

※ 초등학생들의 다이어트에 대해 여러분의 생각이 잘 나타나도록 알맞은 이유와 함께 써 보세요. (400자)

첨
·
삭
·
지
·
도